Francisco Dallmeier

por Deanne Kloepfer
y
Patricia Abarca

Raintree

Chicago, Illinois

For information, address the publisher:

Raintree, 100 N. LaSalle, Suite 1200, Chicago, IL 60602

Printed and bound in China by South China Printing Company.

07 06

10 9 8 7 6 5 4 3 2 1

Library of Congress Cataloging-in-Publication Data:

Cataloging-in-Publication data is on file at the Library of Congress.

Acknowledgments

The publisher would like to thank the following for permission to reproduce photographs:

pp. 4, 6, 30, 33, 37, 44, 48,49, 50, 53, 55, 58 Carlton Ward; pp.8, 10, 13, 14, 20, 28, 35, 43, 52 Francisco Dallmeier; p.16 One Mile Up, inc; p.19 Publications and Printing, Colorado State University/William A. Cotton; p.22 Corbis/Lee Snider/Photo Images; p.25 Corbis/Tom Brakefield; p.27 Corbis/Gary Braasch; p.42 Corbis/Gallo Images; p.38 Tom Stack & Associates/Thomas Kitchin & Victoria Hurst; p.45 Minden Pictures/Frans Lantig; p.47 AP Wide World Photo/Christine Nesbitt; p.57 Photo Edit/Kayte M. Diemona.

Cover photograph: Jeff Rinsley

Every effort has been made to contact copyright holders of any material reproduced in this book. Any omissions will be rectified in subsequent printings if notice is given to the publisher.

Special thanks to the Dallmeier family for their help in the preparation of this book.

Disclaimer

All of the Internet addresses (URLs) given in this book were valid at the time of going to press. However, due to the dynamic nature of the internet, some addresses may have changed, or sites may have ceased to exist since publication. While the author and publishers regret any inconvenience this may cause readers, no responsibility for any such changes can be accepted by either the author or the publishers.

Algunas palabras aparecen en negrita, **así**. Encontrarás su significado en el glosario.

Contenido

Francisco Dallmeier es un científico con un trabajo muy importante. Trabaja en todo el mundo para salvar a los animales salvajes y los lugares donde éstos viven.

Introducción

¿Te gustan los elefantes, los hipopótamos, los gorilas, los leopardos, las jirafas, los jaguares y otros animales salvajes? ¿Y los loros, las ranas, las serpientes y los escarabajos de colores? ¿Y las flores raras y los árboles de los bosques?

Si respondiste que sí a algunas de estas preguntas, podrías formar parte de los equipos de investigación de Francisco Dallmeier. Francisco es un **biólogo conservacionista**, un tipo especial de científico. Trabaja para el Instituto Smithsonian de Washington, D.C. Sin embargo, no se lo ve por su oficina muy a menudo. La mayor parte del tiempo está estudiando plantas y animales salvajes en lugares como la selva tropical amazónica, en América del Sur, o la **selva tropical** de la cuenca del Congo, en África.

Dallmeier es el líder del Programa de **Seguimiento** y Evaluación de la **Biodiversidad** del Instituto Smithsonian. Parece un nombre muy importante y, en realidad, es un trabajo muy importante. Dallmeier se ocupa de estudiar y aprender acerca de muchos tipos de plantas y

Es muy común encontrar a Francisco Dallmeier estudiando plantas y animales salvajes en las selvas tropicales y en otros hábitats de todo el mundo.

animales de todo el mundo. El programa cuenta con más de 300 estaciones de investigación en cuatro continentes: Asia, América del Norte, América del Sur y África.

Cientos de científicos y otros investigadores trabajan en estas estaciones. Quieren aprender todo lo que puedan sobre los animales y las plantas que viven y crecen allí. Usan la información que reúnen para ayudar a proteger los **hábitats** naturales y las **especies** silvestres.

En muchas de estas estaciones, ¡los equipos encuentran especies que ningún científico había visto antes! Algunos de estos animales y plantas pueden ayudar a crear nuevos medicamentos o nuevos tipos de alimentos para que vivamos mejor. Proteger el medio ambiente para que las plantas y los animales puedan crecer fuertes y saludables es una de las razones por las que Dallmeier adora su trabajo.

Como investigador de campo y maestro, Dallmeier inspira a muchos biólogos jóvenes de distintos países. Este libro te cuenta sobre su vida y te muestra el apasionante mundo de los descubrimientos científicos y la biología conservacionista, que es el estudio de los animales y las plantas, y de las mejores maneras de protegerlos.

Ésta es una fotografía de Francisco Dallmeier cuando tenía alrededor de once años de edad.

Capítulo 1:
En Venezuela

Cuando nació Francisco Dallmeier, sus padres no tenían idea de qué querría ser cuando fuera grande. Pero sí sabían que ayudarían a "Pancho" (el sobrenombre de Francisco) a que fuera el mejor en lo que eligiera ser.

Su padre, Francisco de Sales Gómez González, era director de programa en el Centro de Cáncer de Venezuela. Le gustaba trabajar con las personas y recibió muchos premios porque era muy bueno ayudando al centro a educar a otros sobre el cáncer y los primeros síntomas de la enfermedad.

La madre de Francisco, Ana Teresa Dallmeier de Gómez, enseñaba a leer y escribir a niños con necesidades especiales. También se ofrecía a ayudar a los demás, pero sentía que su trabajo más importante era cuidar muy bien de su familia. Incluso antes de que sus hijos empezaran la escuela, los ayudó a aprender a leer.

Esta fotografía muestra a Francisco de niño, junto a su familia. De izquierda a derecha: la mascota de la familia, Conti; Francisco; su padre con Bernardo, el hermano menor; Beatriz, la hermana mayor; y Ana Margarita, la hermana menor.

La familia paterna de Dallmeier vivía en Venezuela desde hacía bastante tiempo. Sus abuelos maternos se mudaron de Alemania a Venezuela antes de que su madre naciera.

El matrimonio Dallmeier tuvo cuatro hijos. La hermana mayor, Beatriz Teixeira, vive en Caracas con su familia. La hermana menor, Ana Margarita Wanich, vive en la Ciudad de México con su familia. El hermano menor, Bernardo, murió hace algún tiempo.

Francisco Dallmeier nació en Venezuela, un país de América del Sur que limita con el mar del Caribe.

Los primeros intereses

La familia Dallmeier vivía en Caracas, la capital de Venezuela, en América del Sur. Caracas es un lugar apasionante para los niños. Como en las grandes ciudades de Estados Unidos, hay muchas cosas interesantes para hacer en familia. A los jovencitos como Dallmeier, a quien le gustaban los animales y las ciencias, el Parque Zoológico Nacional y el Museo de Historia Natural de Caracas eran lugares fabulosos para visitar. Incluso antes de la adolescencia, Dallmeier ayudó en el parque zoológico y en el museo.

"Perseguía bichos o leía sobre los animales", cuenta Dallmeier. "Me fascinaban hasta las criaturas más pequeñas".

Los padres de Dallmeier notaron su interés por los animales y le contaron sobre su bisabuelo, Adolph Ernst, que era un científico alemán. El Sr. Ernst hizo muchos descubrimientos en Venezuela. También fundó la Facultad de Biología de la Universidad Central de Venezuela y la colección nacional de plantas del país. En esta colección, hay muchos tipos de plantas que crecen en Venezuela. Los científicos también estudian estas plantas para conocer diferentes maneras de usarlas.

A Dallmeier le gustaba escuchar anécdotas sobre su bisabuelo. Sabía que quería aprender más sobre la vida silvestre y las plantas y llegar a trabajar algún día con personas que estudiaran las especies y sus hábitats. Así que comenzó a pensar en ser biólogo.

Información breve

Francisco Dallmeier estudió en la Escuela La Salle de Caracas.

Asignaturas preferidas en la escuela primaria: ciencias y matemáticas

Maestra preferida de la escuela primaria: la Sra. Zulueta, la maestra de química

Asignaturas preferidas en la preparatoria: biología y química

Profesor preferido de la preparatoria: el Sr. Dositeo, profesor de biología.

En esta fotografía, se ve a Francisco Dallmeier con Ana Margarita y Conti.

En sus propias palabras

Dallmeier recuerda que solía pasar parte del recreo atrapando cigarras y escarabajos en el patio de la escuela. "Los guardaba en mi pupitre y a veces los llevaba a casa para mostrárselos a mis padres. ¡No sé si ellos estaban tan felices con mis tesoros como lo estaba yo!".

Francisco Dallmeier cuando terminó la preparatoria en 1970

Capítulo 2:
El camino para convertirse
en biólogo

Al terminar la preparatoria, en 1970, Dallmeier ingresó en la Universidad Central de Venezuela, en Caracas. Comenzó sus estudios en la misma facultad de biología que había fundado su bisabuelo. Sus clases favoritas eran las de biología, química, administración de la vida silvestre, fotografía y **fisiología** animal, que es el estudio de cómo funcionan los organismos de los animales.

Los modelos a seguir

Dallmeier recuerda especialmente a dos de sus profesores. "Yo quería ser como el profesor Jan Pinowski y como el profesor Kazimierz Dobrowolski", dice Dallmeier. "Eran de Polonia y habían ido a Venezuela para estudiar aves tropicales. ¡Eran profesores excelentes!". Con ellos, Dallmeier hizo 28 expediciones para hacer trabajo de campo y excursiones por el sur de Venezuela para recoger información sobre varios cientos de especies diferentes de **mamíferos** y aves.

Liderazgo

Pero Dallmeier no pasaba todo el tiempo en el salón de clases o haciendo trabajo de campo con los profesores. Mientras estudiaba en la Universidad Central, Dallmeier se convirtió en director del Museo de Historia Natural La Salle, de Caracas. Parte de su trabajo era investigar plantas y animales en su hábitat natural. Hizo 44 expediciones por Venezuela para el museo: estudió 455 tipos de mamíferos diferentes, 600 tipos de aves diferentes, 210 tipos de **anfibios** y **reptiles** diferentes, 420 tipos de plantas diferentes y muchas clases de insectos.

En algunas de las expediciones, lo acompañaron científicos del Instituto Smithsonian. Dallmeier comenzó a soñar con visitar el Smithsonian y tal vez, algún día, trabajar allí.

Ésta es la bandera de Venezuela. Dallmeier hizo muchas expediciones por Venezuela.

Esta fotografía muestra a Dallmeier junto a su madre y su padre el día en el que se graduó de la Universidad Central de Venezuela, en 1977.

Los comienzos de una carrera

Al terminar sus estudios en la Universidad Central, Dallmeier comenzó a trabajar en una empresa que escribía informes especiales sobre los cambios que causan los pozos de petróleo y las centrales eléctricas en el medio ambiente. Su trabajo era estudiar los ríos y los terrenos. Luego les decía a las personas que construían los pozos de petróleo y las centrales eléctricas cómo causar menos daño a los hábitats naturales, y cómo limpiar las tierras y los ríos que ya estaban dañados.

A Dallmeier le gustaba su trabajo, pero todavía soñaba con ser un biólogo que hiciera trabajo de campo. Recordaba a los científicos del Instituto Smithsonian que habían ido a Venezuela y también su sueño de trabajar en esa institución. También quería enseñar a los científicos jóvenes. Pero antes de poder hacer todo eso, Dallmeier sabía que tendría que seguir estudiando, tal vez, en Estados Unidos. Así que renunció a su trabajo, vendió todo lo que tenía, ¡y tomó un avión!

Los estudios en Estados Unidos

Dallmeier quería estar en el mejor programa de estudios de vida silvestre que pudiera encontrar. Decidió ir a la Universidad Estatal de Colorado, en Ft. Collins, estado de Colorado. Se inscribió en la Facultad de Recursos Naturales y comenzó a tomar clases de biología de la vida silvestre. Los recursos naturales son los elementos de la naturaleza que son importantes para los seres humanos, como el agua, los depósitos de minerales, los bosques y los peces. En una facultad así, Dallmeier podía

Ésta es una fotografía de la Universidad Estatal de Colorado, donde Dallmeier hizo sus estudios de postgrado.

concentrarse en los problemas ambientales importantes que tuvieran que ver con los recursos naturales.

Para la época en la que Dallmeier terminó sus estudios, en 1986, había obtenido un **título** de maestría en ciencias y un título de doctor en filosofía. Una maestría en un tipo de título que los estudiantes pueden obtener después de recibirse de licenciados. El doctorado es el

Cuando no hacía investigaciones de campo, Dallmeier disfrutaba de muchos pasatiempos, como volar aviones.

título más alto que se puede obtener. Estos títulos significaban que Dallmeier había aprendido mucho sobre las especies silvestres y sus hábitats. También significaban que Dallmeier podía trabajar con otros científicos destacados de ese campo.

Al igual que cuando estudiaba en la universidad de Venezuela, Dallmeier pasaba tiempo fuera del salón de clases aprendiendo de los expertos. Incluso viajó a Tennessee y a Florida para recibir la capacitación especial que necesitaría para hacer bien su trabajo. En Tennessee, por ejemplo, investigó cómo hacen su nido los patos carolinos. Colocó ponederos que revisaba periódicamente para contar los huevos y las crías, y para cuidar de que las serpientes no comieran los huevos.

Pero Dallmeier también encontraba tiempo para descansar y divertirse. Aprendió a volar aviones y tomó clases de karate. Mientras estaba en Tennessee, ganó una competencia de karate. Pero también se concentraba en sus estudios. En Colorado, hizo muchos viajes a las montañas Rocosas con expertos que le enseñaron dónde encontrar animales salvajes, cómo se mueven y qué tipos de hábitats les gustan más.

Cuando terminó sus estudios de postgrado, Dallmeier estaba bien preparado para convertirse en un biólogo conservacionista. Estaba cada vez más cerca de cumplir su sueño: ¡trabajar en el Instituto Smithsonian!

El Museo Nacional de Historia Natural del Instituto Smithsonian es el lugar donde Francisco Dallmeier comenzó su programa de investigación de la biodiversidad.

Capítulo 3:
Un científico del Smithsonian

En 1986, Dallmeier empezó a trabajar en el Instituto Smithsonian. El Smithsonian es el museo y el complejo de investigación más grande del mundo. Cuenta con dieciocho museos principales, el Parque Zoológico Nacional y diecisiete centros de investigación. Todos los años, millones de personas de Estados Unidos y de otros países visitan el Smithsonian.

Los científicos del Smithsonian trabajan en muchos programas diferentes. Algunos son expertos en historia y cultura. Otros, como Dallmeier, son expertos en las ciencias biológicas.

El trabajo en el Smithsonian

El Instituto Smithsonian le pidió a Dallmeier que estableciera estaciones de investigación de biodiversidad forestal en Estados Unidos y otros países, y que les enseñara a los científicos más jóvenes qué hacer en esas estaciones. ¡Era el trabajo con el que Dallmeier tanto había

El "desván de Estados Unidos"

¿Sabías que a veces las personas guardan cosas en los garajes y los desvanes de su casa? ¡El Smithsonian hace lo mismo! Por eso, se lo conoce como el "desván de Estados Unidos". El Smithsonian almacena cientos de miles de objetos de todo el país y de todo el mundo. Algunos de estos objetos se pueden ver en las galerías de arte, en el Museo del Aire y el Espacio, y en otros museos del Smithsonian.

El instituto lleva ese nombre en honor a James Smithson, que dejó una gran suma de dinero al Congreso para que pudieran crear una institución "para el aumento y la difusión [divulgación] del conocimiento entre los seres humanos".

En la actualidad, el Smithsonian tiene 18 museos, 17 centros de investigación y 142 millones de objetos en su colección.

soñado! Le dio la oportunidad de estudiar plantas y animales salvajes sobre el terreno. Y también le dio la oportunidad de capacitar a científicos jóvenes.

El Smithsonian le pidió a Dallmeier que creara un programa de biodiversidad totalmente nuevo. Dallmeier planificó cómo sería el programa, contrató personas, recaudó dinero para pagar el programa y fue al terreno a establecer estaciones de investigación.

La pantera nebulosa es uno de los muchos animales que estudian los científicos del Centro de Conservación e Investigaciones del Parque Zoológico Nacional.

Era mucho trabajo, pero Dallmeier estaba entusiasmado. Llamó al proyecto "Programa de Seguimiento y Evaluación de la Biodiversidad". Este programa comenzó en el Museo Nacional de Historia Natural del Instituto Smithsonian.

Más tarde, el programa formó parte del Centro de Conservación e Investigaciones del Parque Zoológico Nacional, en el norte de Virginia. Allí es donde muchos científicos del Parque Zoológico Nacional hacen sus estudios y les enseñan a los científicos jóvenes.

El Centro de Conservación e Investigaciones

El Parque Zoológico Nacional es parte del Instituto Smithsonian. Allí hay jirafas, elefantes, hipopótamos, búfalos, osos, focas, aves, leones, tigres y muchos otros animales. El panda gigante es uno de los favoritos para los millones de visitantes que llegan de todo el mundo.

Una de las exhibiciones del parque zoológico se llama "Amazonia". ¡Es una selva tropical que crece dentro de un edificio! Tiene árboles de 50 pies de alto, flores, aves y mamíferos pequeños. También hay oficinas abiertas donde puedes ver a los científicos del Smithsonian trabajando. En la Galería de las Ciencias, puedes ver a través de los microscopios y usar las computadoras para aprender acerca de los animales que te interesan. ¡A veces los niños festejan su cumpleaños en Amazonia!

El Centro de Conservación e Investigaciones del Parque Zoológico Nacional está ubicado aproximadamente a una hora y media de viaje de Washington, D.C. Tiene 3,200 acres de bosques, colinas ondulantes y arroyos. Allí también hay laboratorios y casas donde viven algunos de los científicos. Y hay lugares para que se alojen los científicos jóvenes que están estudiando.

El Centro es el hogar de 265 mamíferos. Entre ellos, hay muchas especies en peligro, como el hurón de patas negras y la pantera nebulosa. Los científicos prestan una atención especial a estos animales para saber cómo ayudar a mantener y aumentar sus niveles de población. Los animales que los científicos estudian en el Centro tienen mucho espacio para correr y jugar en "patios" grandes y cercados.

En Amazonia, se puede caminar a través de la selva tropical para ver 350 especies diferentes de plantas y muchos animales.

Dallmeier (derecha), en el año 2004, junto a participantes del Curso de Liderazgo Ambiental del Instituto Smithsonian que él mismo creó

La difusión de sus conocimientos

Dallmeier también creó clases para científicos jóvenes de todo el mundo. Era una parte importante de su trabajo porque, en las estaciones de investigación, se necesitan personas bien capacitadas. Las clases de Dallmeier les enseñan a los estudiantes a establecer estaciones de investigación y a recoger información en ellas. Los estudiantes también aprenden a preparar **especímenes** de plantas y especies capturadas para que los estudien otros científicos. Un **espécimen** es una criatura o una planta que los científicos preservan para su estudio. Muchos de estos especímenes se exhiben en los museos de historia natural para que todos podamos verlos.

Más de 1,000 estudiantes de 42 países estuvieron en las clases de Dallmeier del Centro de Conservación e Investigaciones. Aprendieron las mejores maneras de estudiar la biodiversidad en todo el mundo. Muchos de ellos crearon sus propios programas de estudio de la biodiversidad y capacitaron a más científicos jóvenes en su país natal.

Dallmeier y sus compañeros también viajan a otros países para capacitar a científicos jóvenes. En América Latina, Dallmeier dio clases de capacitación en Bolivia, Brasil, Ecuador, Guatemala, Guyana, Panamá, Paraguay, Perú y Venezuela. También capacitó a científicos en Canadá, China, Filipinas, Vietnam y en algunos países africanos, como Camerún, Gabón y Nigeria.

En África central, Dallmeier y el equipo que dirige el programa planifican las investigaciones de campo.

Capítulo 4:
El trabajo de campo

Cuando Dallmeier y los otros científicos van al terreno, tienen varias tareas para hacer. Establecen **parcelas** de investigación y delimitan otras áreas para investigar. Recogen información sobre la biodiversidad de las áreas de investigación y hacen un seguimiento durante varios años.

Distintos equipos se encargan de realizar estas tareas. Los **botánicos** forman el equipo de la **vegetación**, los **ornitólogos**, el de las aves, y los **herpetólogos**, el de los reptiles y los anfibios. También hay equipos que se encargan de estudiar a los mamíferos, equipos que se ocupan de los insectos y equipos **acuáticos** o de agua. A veces, uno de los equipos encuentra información que le sirve a otro equipo. Por ejemplo, el equipo de los mamíferos puede encontrar una serpiente interesante mientras busca rastros de elefantes. De esta manera, todos los equipos trabajan en conjunto.

Cómo se establecen las parcelas de investigación

En primer lugar, Dallmeier y sus equipos estudian imágenes satelitales y fotografías aéreas de toda el área de investigación. Las fotografías aéreas son las que se toman desde helicópteros, aviones o satélites.

Cuando los científicos llegan al área, el equipo de la vegetación elige los mejores lugares para establecer parcelas de investigación. Un área de investigación puede tener cientos o miles de acres de tamaño, y sería difícil investigar todas las plantas de un área tan grande. Así que estudian las plantas en parcelas más pequeñas. En general, los equipos de Dallmeier establecen parcelas de vegetación de una hectárea, que es aproximadamente el tamaño de una cancha y media de fútbol americano.

Los botánicos tienen que tener en cuenta muchas cosas a la hora de elegir una parcela. Buscan lugares que contengan muchas de las plantas que crecen en el área más grande. Y tratan de elegir lugares que los seres humanos no hayan modificado, así como lugares que sí hayan sido modificados por las actividades humanas. De esa manera, pueden comparar las plantas que crecen en ambos tipos de lugares.

A veces, las parcelas de vegetación se encuentran cerca de senderos que ya existían en los bosques. Otras veces, los científicos tienen que podar las plantas para abrir caminos nuevos y llegar a las parcelas. Este trabajo tiene que hacerse con cuidado para no provocar daños graves en el hábitat.

Dallmeier y su equipo de investigación reciben instrucciones antes de entrar en una selva tropical.

La lista de verificación

Éstas son algunas de las preguntas que ayudan a los científicos a decidir dónde deben establecer las parcelas de investigación.

1. ¿La parcela es parecida al área que la rodea?
2. ¿Hay en la parcela muchas de las plantas que crecen en el área que la rodea?
3. ¿Es probable que los animales del área que rodea la parcela vivan en ella o pasen por ella?
4. ¿Modificaron los seres humanos la parcela? ¿O es natural en su mayor parte?
5. ¿Es fácil llegar a la parcela?

Cómo se recoge la información

Después de que los botánicos eligen un lugar, clavan estacas en la tierra alrededor de la parcela para delimitarla. Luego, unen las estacas con un cordel. Colocan el cordel cerca del suelo para que los animales no tropiecen con él. A veces, también marcan áreas más pequeñas dentro de la parcela, llamadas subparcelas.

Los científicos cuentan todos los árboles de la parcela que tengan la altura de un estudiante de segundo o tercer grado como mínimo (unos cuatro pies). A cada árbol le dan un número. El equipo registra el número y la ubicación de cada árbol en un diagrama hecho por computadora. Cuando los investigadores regresen al lugar en el futuro, necesitarán saber en qué lugar exacto estaban los árboles para saber cuánto creció cada uno de ellos, si alguno se cayó en una tormenta o si pasó alguna otra cosa en la parcela.

A veces, Dallmeier y sus equipos van a lugares sobre los que sabemos muy poco. Hablar con los habitantes del lugar puede ser la mejor manera de obtener información importante; por ejemplo, cómo desplazarse por el bosque o dónde crecen y viven las especies. Los equipos de Dallmeier generalmente trabajan con muchos científicos y guías de los pueblos de la zona que, a menudo, ¡resultan ser muy buenos investigadores!

Otros equipos también usan las parcelas de vegetación para recoger información. Por ejemplo, el equipo de los insectos tal vez ponga trampas de caida en las parcelas de vegetación para atrapar insectos.

El equipo del Smithsonian exploró áreas muy remotas del Parque Nacional
Moukalaba-Doudou de Gabón, en África, para elegir lugares donde acampar. El río
sólo se puede navegar durante la estación de las lluvias y está lleno de obstáculos.

Una trampa de caida es un cubo o vaso de plástico que se coloca en un hoyo con el borde de arriba a la altura del suelo. Los insectos caen en el recipiente, que está lleno de una solución para preservarlos.

Los equipos de las aves también ponen sus instrumentos en las parcelas de vegetación o en otros lugares, y también en los senderos. Los ornitólogos (los científicos que estudian las aves) a veces ponen redes de niebla entre los árboles para capturar aves. Una vez que un ave queda atrapada en la red, que es blanda, los científicos la sacan de la red con cuidado. Le toman fotografías y muestras de sangre, y la miden. Antes de soltarla, le colocan una etiqueta de identificación. Si los científicos atrapan a un ave etiquetada durante un estudio posterior, pueden ver si creció y vuelven a tomarle una muestra de sangre para controlar su estado de salud a lo largo del tiempo.

El equipo de las aves también camina por los senderos del bosque para escuchar los cantos de las aves, y sus integrantes usan binoculares para observar la **bóveda**, o parte más alta del bosque, donde viven muchas especies de aves. A veces, se quedan sentados en silencio durante horas en el suelo del bosque y pasan grabaciones de cantos de aves, ¡con la esperanza de que responda un ave de verdad!

Cómo se encuentra a los animales

Los mamíferos salvajes suelen escaparse de las personas, así que no es fácil ubicarlos en los bosques. Esto significa que los equipos de los mamíferos dependen a menudo de los rastros para descubrir si un

Esta fotografía muestra al equipo de las aves trabajando sobre el terreno.

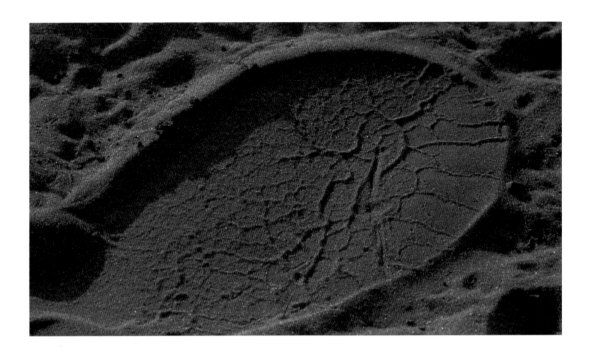

Cuando están buscando a un animal, los equipos de los mamíferos buscan muchas clases de rastros, como esta huella de elefante.

animal vive en el área de investigación. Un rastro es la prueba que deja un animal. Puede tratarse de excremento, pelos, huellas, guaridas o marcas de rasguños en los árboles.

Los equipos de los mamíferos también pueden usar modernas cámaras de viaje para localizar y estudiar a los animales. Los científicos colocan una cámara en un árbol. Desde esa cámara, extienden un alambre blando a lo largo de las huellas de un animal hasta otro árbol. Cuando un animal tropieza con el alambre, la cámara saca una fotografía.

Cómo se hace el seguimiento

La mayoría de los estudios de Dallmeier duran muchos años. Él y sus equipos van a las parcelas cada dos o tres años para hacer mediciones nuevas y recoger más información. Luego, estudian la información para saber si ocurrió algún cambio.

Si hubo cambios, tratan de descubrir por qué. ¿Hubo una gran tormenta, un terremoto o algún otro acontecimiento natural que cambió el hábitat? ¿Se taló el bosque y se plantaron cultivos? ¿Se construyó una carretera nueva?

Los científicos también tratan de entender si los cambios del hábitat ayudaron o causaron daño a los animales que viven allí. Éste es el trabajo básico de los biólogos conservacionistas. Si las especies están desapareciendo por los cambios que produce el ser humano en sus hábitats, es importante encontrar la forma de hacer las cosas de otra manera.

Dallmeier y sus equipos trabajan en el Complejo de Gamba, en Gabón, África. Es un lugar muy especial.

Capítulo 5:
El trabajo en Gabón

Una de las áreas en las que trabajan Dallmeier y sus equipos es el Complejo de Gamba, en el pequeño país africano de Gabón. En este lugar tan especial, puedes ver hipopótamos jugando en las olas del mar en las primeras horas de la mañana. Puedes observar búfalos y elefantes del bosque caminando por la misma playa. Tal vez veas las tres especies de cocodrilos que habitan en África, pero te será un poco difícil encontrar a los tímidos gorilas que habitan en lo más profundo de la selva tropical. Mientras duermes a salvo en el lugar donde acampas, ¡los leopardos acechan a sus presas!

Este lugar asombroso es el hogar de miles de especies de plantas y animales diferentes. Es ideal para hacer estudios de biodiversidad. En el Complejo, hay áreas muy naturales, entre ellas, dos parques nacionales. En otras áreas, hay personas que viven y trabajan, sobre todo cerca de los pozos de petróleo del Complejo. Los científicos pueden usar la información recogida para sugerir cómo garantizar la protección de

El búfalo africano es uno de los muchos tipos de animales que se ven en Gabón.

plantas y animales, incluso donde las personas viven y trabajan.

La mayoría de las preguntas que Dallmeier y los científicos hacen en el Complejo de Gabón son sobre las clases, cantidades y ubicaciones de distintas especies. Quieren encontrar las respuestas a preguntas como éstas: ¿qué serpientes están activas durante el día y la noche? ¿Dónde viven los grupos de gorilas? ¿Qué nos dice el bosque de hoy sobre su pasado? ¿Cómo interactúan los animales con sus respectivos hábitats?

Dallmeier se encuentra junto a una tortuga laúd en la playa del Complejo de Gamba.
Las tortugas laúd son las más grandes del mundo, pero no quedan muchas de ellas.

¿Lo sabías?

Los chimpancés usan palos de madera y piedras para romper las cáscaras de los frutos secos de los árboles de Gabón y darse un banquete. A los monos les gusta comer los frutos del nogal africano. A través del proceso de la digestión, los animales como los chimpancés y los monos, entre otros, ayudan a esparcir las semillas de los árboles y de otras plantas que comen. Esto permite que las plantas crezcan en otros lugares del bosque donde los animales dejan sus excrementos.

Los científicos no saben mucho sobre el mochuelo de Sjostedt, una especie que encontró el equipo de las aves en el Complejo de Gamba.

Dallmeier comenzó a trabajar en el Complejo de Gamba en el año 2000. Para fines de 2003, sus equipos habían completado cuatro expediciones importantes en el área. Identificaron cientos de plantas y animales: más de 300 especies de árboles, 70 especies de peces, 73 especies de ranas, 22 especies de lagartos, 46 especies de serpientes, 316 especies de aves y 42 especies de mamíferos grandes y medianos. También investigaron sobre miles de insectos.

¿Por qué hay tantas especies en el Complejo de Gamba?

El Complejo de Gamba tiene muchos tipos de hábitats. Eso significa que toda clase de animales pueden vivir allí. A algunos animales les gustan más las playas y las dunas de arena. Otros prefieren los pantanos y los bosques bajos y anegados. A otros les gustan las praderas, las selvas tropicales, o los ríos y arroyos.

Muchos animales se trasladan de un tipo de hábitat a otro. Los hipopótamos, por ejemplo, se quedan en las lagunas durante el día para proteger su piel sensible del sol y el calor excesivos. De noche, se trasladan para alimentarse de pastos. A veces, en las primeras horas de la mañana, juegan en la orilla del mar antes de volver a las lagunas.

El Complejo tiene tantos animales diferentes que los científicos siguen descubriendo especies nuevas. Los científicos también aprenden más sobre las especies que ya son conocidas. Siempre queda mucho por descubrir en esta fascinante región del mundo.

Colin Powell visita Gabón

En la primavera de 2002, el Secretario de Estado de Estados Unidos, Colin Powell, visitó Gabón como parte de su viaje a África. Habló con el presidente de Gabón, El Hadj Omar Bongo, sobre el nuevo sistema de parques nacionales que el presidente acababa de establecer. Hoy en día, el once por ciento de Gabón forma parte del sistema de parques nacionales. Dos de los parques nuevos se encuentran en el Complejo de Gamba, donde trabajan los equipos de Dallmeier.

"La visita del secretario Powell fue muy importante. Está contento con los esfuerzos del presidente Bongo para proteger los hábitats naturales y la vida silvestre de Gabón", dijo Dallmeier. "Y el secretario Powell aseguró que Estados Unidos brindará ayuda".

Especies raras

Algunas de las especies que los científicos encontraron en el Complejo son muy raras. Por ejemplo, los herpetólogos encontraron un gran grupo de cocodrilos de hocico estrecho. Fue un descubrimiento muy importante porque no quedan muchos de ellos. Por otro lado, el equipo acuático encontró una especie rara de pez hoja, ¡que acecha a su presa camuflándose como una hoja en el agua!

A algunas de las especies encontradas en el Complejo, ningún científico las identificó hasta ahora. El equipo acuático cree que dos de las especies de pez eléctrico que encontraron son nuevas para las ciencias.

El ex Secretario de Estado de EE. UU., Colin Powell (centro), visitó Gabón en el año 2002.

Los equipos toman muchas fotografías de las especies que encuentran y usan estas fotografías, y a veces animales vivos, cuando le hablan a otras personas sobre la biodiversidad del Complejo de Gamba. Una de las cosas que más les gusta a los científicos es visitar las escuelas de Gabón. Una vez, los herpetólogos llevaron varias serpientes a dos escuelas. Los niños estaban muy entusiasmados al ver y acariciar a las serpientes, ¡pero sus maestros no estaban tan contentos!

En los próximos años, Dallmeier y sus equipos continuarán trabajando para recoger información sobre la biodiversidad del Complejo de Gamba. Dallmeier está contento porque el presidente de Gabón estableció dos parques nacionales en el Complejo que ayudarán a

Los herpetólogos estaban entusiasmados por haber encontrado una gran población de cocodrilos de hocico estrecho, como éste, en el Complejo de Gamba.

proteger las especies de plantas y animales que crecen y viven allí.

El Centro de Biodiversidad del Instituto Smithsonian

En una vieja discoteca, con poca pintura y equipamiento científico, ¡se puede hacer un laboratorio de biodiversidad! Eso hicieron Dallmeier y sus equipos. Tienen un lugar fantástico para preservar especímenes y capacitar a científicos jóvenes y parataxonomistas de Gabón y otros países. Un parataxonomista ayuda a los científicos a clasificar y preservar los especímenes.

En el laboratorio, llamado Centro de Biodiversidad del Instituto Smithsonian, los científicos pasan muchas horas examinando **artrópodos** (insectos, arañas y **crustáceos**). En sólo un año, el equipo de los artrópodos investigó más de 440,000 insectos, llenó más de 100 cajones con 20,000 especímenes y llegó a contar casi 200 familias diferentes de insectos. El equipo eligió 1,000 especies de insectos para estudiar con más detenimiento en el futuro.

En esta fotografía, los visitantes del Centro de Biodiversidad del Instituto Smithsonian observan la enorme colección de insectos que se exhiben.

Esta fotografía muestra a Dallmeier con su familia en el Parque Nacional Loango de Gabón. De izquierda a derecha: su hijo, Julian Dieter; su esposa, Joy; y su hija, Alina Joy.

Capítulo 6: En primer plano

A Dallmeier le gusta pasar tanto tiempo como le sea posible con su familia. Conoció a su esposa, Joy Parton, cuando él era estudiante de postgrado en la Universidad Estatal de Colorado y ella trabajaba en la Escuela de Postgrado de la misma universidad. Ahora viven en Annandale, estado de Virginia, a unos 45 minutos en automóvil de la oficina de Dallmeier en Washington, D.C. Joy organiza muy bien a su ocupada familia y además trabaja con niños que tienen necesidades especiales.

Dallmeier y Joy tienen dos hijos. La niña, Alina, estudia en la escuela Frost Middle School. El niño, Julian Dieter, al que llaman "Diet" (que se pronuncia "Dit"), va a la escuela primaria Wakefield Forest. Alina es una niña exploradora (*Girl Scout*). Le gusta leer y escribir. Diet juega al fútbol y también disfruta practicar el tiro al arco. Ambos son muy buenos nadadores, excursionistas y escaladores. En el verano, les encanta andar en kayak y bucear con esnórquel en el mar del Caribe cerca de la casa de sus abuelos, en la isla St. John.

Alina y Diet en la isla St. John

Alina y Diet han visto tortugas marinas, varias especies de tiburones, peces tropicales raros y muchas otras clases de criaturas submarinas. A menudo, viajan con sus padres a lugares lejanos como Venezuela, África y Europa.

En el año 2002, Joy, Alina y Diet viajaron a Gabón para pasar el verano con Dallmeier mientras él trabajaba en el Complejo de Gamba. Se alojaron en las casas para los visitantes. Los niños pasaron gran parte

El equipo de Dallmeier organizó una exhibición abierta al público sobre especímenes de biodiversidad e investigación en el Hotel Intercontinental de Libreville.

del tiempo ayudando a los investigadores y aprendiendo sobre la biodiversidad del área. Vieron lo mucho que trabajan los científicos. A menudo, los científicos se levantan antes del amanecer ¡y no se van a dormir hasta después de la medianoche! Alina y Diet también exploraron las playas del oeste de África y conocieron a los habitantes de las aldeas de la zona. Se divirtieron y aprendieron mucho.

Una de las cosas que les gusta hacer juntos a Dallmeier y su familia es trabajar en el hábitat del patio de la escuela primaria Wakefield Forest. La familia ayudó a que este hábitat empezara a funcionar. Para los estudiantes, los padres y los maestros, es una excelente manera de crear un hogar para la vida silvestre y aprender acerca de los hábitats y las especies.

El hábitat de la escuela tiene un estanque, plantas y animales autóctonos, y una estación meteorológica. Es un lugar maravilloso para los animales, pero también para que los maestros y los estudiantes puedan practicar matemáticas, lectura y ciencias.

El fotógrafo de la naturaleza

A Dallmeier le encanta tomar fotografías de la naturaleza. Muchas de sus fotografías aparecieron en revistas, periódicos y libros de ciencias. También usa las fotografías para proyectar diapositivas en reuniones importantes con otros científicos y en las escuelas.

Francisco Dallmeier disfruta su trabajo de biólogo conservacionista, disfruta estar con su familia y disfruta dedicándose a su pasatiempo, la fotografía. Al igual que sus padres, él y Joy apoyan mucho a sus hijos. Dallmeier espera que sean científicos, como él, o que trabajen con niños con necesidades especiales, como lo hace Joy. Pero, más allá de lo que Alina y Diet elijan hacer, él y Joy los ayudarán en todo lo que puedan.

"Tengo una buena vida", dice Dallmeier. "Mi mayor placer es mi familia. También adoro mi trabajo. Ayudar a proteger especies silvestres y sus hábitats, así como capacitar a científicos jóvenes, me hace muy feliz".

Dallmeier alienta a todos los niños que tengan interés por las ciencias a que traten de cumplir sus sueños. ¡Tal como lo hizo él!

Esta fotografía muestra a Dallmeier documentando un río lejano ubicado en el Parque Nacional de Moukalaba-Doudou, en Gabón.

¿Tienes un hábitat en el patio de la escuela?

Muchas escuelas se unieron al Programa Hábitat en el Patio de la Escuela. La Federación Nacional de Vida Silvestre comenzó este programa para ayudar a los niños, sus padres y sus maestros a saber más sobre los hábitats y las especies de la zona donde viven. Hoy en día, más de 2,200 escuelas forman parte del programa.

Estos hábitats en la escuela proveen de alimento, agua y refugio a los animales, y también un lugar para que tengan a sus crías. A cambio de crear un refugio seguro para los animales, los estudiantes pueden observarlos en su hábitat natural y aprender cómo viven. En un hábitat como éste, puedes hacer tus propios estudios científicos; por ejemplo, observar a un ave mientras construye su nido.

Si tienes un hábitat en el patio de tu escuela, ¡podrás hacer trabajo de campo sin salir de la escuela! Además, tendrás un hogar para las especies silvestres de la zona y un lugar donde las especies que migran de una región a otra puedan descansar.

La Federación Nacional de Vida Silvestre es una organización que tiene como objetivo proteger la vida silvestre y el medio ambiente para las generaciones futuras. Tiene muchos programas en Estados Unidos y en otras partes del mundo con el fin de que las personas tomen conciencia de los temas ambientales importantes.

Este hábitat está ubicado en el patio de una escuela de Long Beach, California.

En esta fotografía, Dallmeier va en busca del chacal rayado en las sabanas de Gabón. El chacal rayado es un animal muy raro. El equipo de investigación del Smithsonian fue el primero en documentarlo.

Las especies en peligro

Hay muchos animales que se consideran en peligro porque quedan muy pocos de ellos en el planeta. Un animal que esté en la lista de especies en peligro corre el riesgo de extinguirse. Todos los años, los grupos conservacionistas, los organismos del gobierno, los científicos y las personas del mundo académico recogen información para determinar qué animales y plantas están en peligro. Entre los animales que hoy están en la lista de especies en peligro, se encuentran los elefantes, los grandes simios, las tortugas marinas, los osos polares, los tigres y las ballenas, además de otros.

Gracias a los esfuerzos de muchas personas, como los científicos y los conservacionistas, algunos animales que antes estaban en peligro hoy se desarrollan bien en su hábitat natural. A continuación, hay una lista de cosas que puedes hacer para ayudar a crear conciencia sobre las especies que están en peligro en tu comunidad.

- Busca información sobre una especie en peligro de tu zona o investiga sobre una especie en peligro que te interese.

- Haz carteles, escribe artículos o cuéntales sobre esa especie a tus amigos y a los miembros de tu comunidad.

- Averigua de qué manera tu comunidad o tu país afecta a la vida silvestre y los hábitats de manera positiva y negativa.

Glosario

acuático se refiere al animal o la planta que crece y vive en el agua

anfibios animales vertebrados de sangre fría que nacen en el agua y tienen branquias, como los renacuajos; de adultos, viven en la tierra y en el agua, pero no tienen escamas, como la mayoría de los reptiles

artrópodos grupo de invertebrados que incluye a los insectos, las arañas y los crustáceos

biodiversidad cantidad y variedad de organismos de un determinado hábitat (forma abreviada de "diversidad biológica")

biólogo conservacionista persona que estudia a los animales y las plantas, y también la mejor manera de protegerlos

botánico científico que estudia las plantas

bóveda parte más alta del bosque formada por las ramas de los árboles más altos

crustáceos invertebrados de caparazón duro que generalmente viven en el agua y respiran a través de branquias

especie grupo de seres vivos que no es exactamente igual a otros grupos

espécimen criatura o parte de una planta que los científicos preservan para su estudio y exhibición en museos

fisiología estudio de las funciones del cuerpo y los órganos vitales

hábitat ambiente apto para la vida, donde viven plantas y animales

herpetólogo científico que estudia los reptiles y los anfibios

mamíferos animales vertebrados de sangre caliente; tienen un pelaje que cubre algunas partes de su cuerpo o todo su cuerpo

ornitólogo científico que estudia las aves

parcela terreno que los científicos delimitan para estudiar plantas y animales

reptiles animales vertebrados de sangre fría que viven en la tierra y en el agua; suelen tener escamas y no nacen en el agua, como la mayoría de los anfibios (los lagartos, las serpientes y las tortugas son ejemplos de reptiles)

seguimiento ir al mismo lugar durante un período de tiempo para estudiar y registrar los cambios que ocurren allí

selva tropical selva ubicada en climas húmedos, tanto templados como calurosos; es el hogar de decenas de miles de especies de animales y plantas

título certificado académico que otorgan las universidades a los estudiantes que se gradúan

vegetación otra forma de llamar a las plantas

Cronología

1953	Francisco Dallmeier nace en Caracas, Venezuela.
1970	Termina la preparatoria e ingresa en la Universidad Central de Venezuela, en Caracas, para estudiar biología.
1973–77	Lo nombran director del Museo de Historia Natural La Salle; realiza muchas investigaciones de campo para estudiar la vida silvestre de Venezuela.
1974–75	Lo nombran ayudante de investigación en el Instituto de Zoología Tropical de la Universidad Central.
1977	Se recibe de licenciado en biología en la Universidad Central.
1982	Llega a EE. UU.; comienza un postgrado en la Facultad de Recursos Naturales de la Universidad Estatal de Colorado (CSU).
1984	Obtiene la maestría en biología de la vida silvestre de la CSU; continúa estudiando en la CSU para obtener el doctorado.
1985	Conoce a Joy Parton y se casa con ella.
1986	Obtiene el doctorado en ecología de la vida silvestre de la Universidad Estatal de California; comienza a trabajar en el Instituto Smithsonian, en Washington, D.C.
1986	Lo nombran director del Programa de Seguimiento y Evaluación de la Biodiversidad del Instituto Smithsonian.
1990	Nace su hija, Alina.
1992	Nace su hijo, Julian Dieter.
1999	Recibe el premio del Instituto Smithsonian por lograr normas de seguridad excepcionales en el trabajo de campo.
2002–03	Lo nombran director interino del Centro de Iniciativas Latinas del Instituto Smithsonian.
2003–hasta el presente	Es el líder del grupo especial de asesores del director del Parque Zoológico Nacional.

Información adicional

Lecturas sugeridas

(Estas lecturas están disponibles sólo en inglés).

Dallmeier, Francisco, Alfonso Alonso, and Deanne Kloepfer. *Adventures in the Rainforest.* Smithsonian Institution, Washington, DC: SI/MAB Program, 2002.

Johansson, Philip. *The Tropical Rain Forest: A Web of Life.* Berkeley Heights, NJ: Enslow Publishers, 2004.

Miller, Chuck. *Forest Scientists.* Chicago: Raintree, 2002.

Williams, Judith. *Saving Endangered Animals with a Scientist.* Berkeley Heights, NJ: Enslow Publishers, 2004.

Direcciones
Instituto Smithsonian
Parque Zoológico Nacional
3001 Connecticut Ave., N.W.
Washington, DC 20008
http://www.nationalzoo.si.edu

Instituto Smithsonian
Museo Nacional de Historia Natural
10th Street and Constitution Ave., N.W.
Washington, DC 20560
http://www.mnh.si.edu

Federación Nacional de Vida Silvestre
11100 Wildlife Center Drive
Reston, VA 20190-5362
http://www.nwf.org

Índice